D1726804

Werner Bergengruen

Dies irae

Tag der Rache

Werner Bergengruen

Dies irae

Mit einem Nachwort und Erläuterungen
von Rudolf Grulich

Gerhard Hess Verlag
Bad Schussenried 2005

Bergengruen, Werner
Dies irae.
Geistliche Gedichte
Mit einem Nachwort und Erläuterungen
von Rudolf Grulich
Bad Schussenried - Hess 2005
ISBN 3 - 87336 - 028 - 4

Umschlagentwurf: Günter Vanecek
Gerhard - Hess - Verlag 2005
Rilkestr. 3, 88427 Bad Schussenried

INHALT

Wendet zur Klarheit
euch, liebende Flammen!
Die sich verdammen,
heile die Wahrheit.

Faust II

I

DIE LÜGE

Wo ist das Volk, das dies schadlos an seiner Seele ertrüge?
Jahre und Jahre war unsre tägliche Nahrung die Lüge.
Festlich hoben sie an, bekränzten Maschinen und Pflüge,
sprachen von Freiheit und Brot, und alles, alles war Lüge.
Borgten von heldischer Vorzeit aufrauschende Adlerflüge,
rühmten in Vätern sich selbst, und alles, alles war Lüge.
Durch die Straßen marschierten die endlosen Fahnenzüge,
Glocken dröhnten dazu, und alles, alles war Lüge.
Nicht nach totem Gesetz bemaßen sie Lobspruch und Rüge,
Leben riefen sie an, und alles, alles war Lüge.
Dürres sollte erblühn! Sie wußten sich keine Genüge
in der Verheißung des Heils, und alles, alles war Lüge.
Noch das Blut an den Händen, umflorten sie Aschenkrüge,
sangen der Toten Ruhm, und alles, alles war Lüge.
Lüge atmeten wir. Bis ins innerste Herzgefüge
sickerte, Tropfen für Tropfen, der giftige Nebel der Lüge.
Und wir schrieen zur Hölle, gewürgt, erstickt von der Lüge,
daß im Strahl der Vernichtung die Wahrheit herniederschlüge.

II

DIE LETZTE EPIPHANIE

Ich hatte dies Land in mein Herz genommen.
Ich habe ihm Boten um Boten gesandt.
In vielen Gestalten bin ich gekommen.
Ihr aber habt mich in keiner erkannt.

Ich klopfte bei Nacht, ein bleicher Hebräer,
ein Flüchtling, gejagt, mit zerrissenen Schuhn.
Ihr riefet dem Schergen, ihr winktet dem Späher
und meintet noch Gott einen Dienst zu tun.

Ich kam als zitternde geistgeschwächte
Greisin mit stummem Angstgeschrei.
Ihr aber spracht vom Zukunftsgeschlechte
und nur meine Asche gabt ihr frei.

Verwaister Knabe auf östlichen Flächen,
ich fiel euch zu Füßen und flehte um Brot.
Ihr aber scheutet ein künftiges Rächen,
ihr zucktet die Achseln und gabt mir den Tod.

Ich kam als Gefangener, als Tagelöhner,
verschleppt und verkauft, von der Peitsche zerfetzt.
Ihr wandtet den Blick von dem struppigen Fröner.
Nun komm ich als Richter. Erkennt ihr mich jetzt?

III

FALL NIEDER, FEUER

Das Brot wird bitter sein. Ihr gabt die Lüge
bereits der Aussaat als Geleitwort mit.
Am Brunnen füllen sich die Tränenkrüge.
Die Wiese dorrt vom hingestampften Schritt.

Des Frevels Äußerstes habt ihr vollendet.
Maßlose, grifft ihr nach der Schöpfung ganz.
Der Elemente Unschuld ist geschändet.
Der Wald gab Laub zum lügnerischen Kranz.

Der Wind hat euren Wimpeln dienen müssen
und falschem Glanz das lautere Metall.
Ihr triebt das Schweigen von Geklüft und Flüssen.
Die Luft bewahrt der blinden Worte Schall.

Dem Widergott zu Tor und Tempelstufen,
zu Kerkermauern bracht ihr das Gestein.
Ihr habt das Feuer tausendfach gerufen -
Fall nieder, Feuer! Brenne du uns rein.

IV

AN DANTE

Du des Jüngsten Richters Diener,
übermenschlich von Gesichten,
kehre wieder, Florentiner!
Eins noch blieb dir zu verrichten.

Nimm den Stift. Dir ist geboten,
neuen Urteilsspruch zu fällen,
Brutus und dem Iskarioten
jenen Dritten zu gesellen.

V

GEHEIMNIS DES ABGRUNDES

Wenn eure Fäuste ihn erreichen
und ihr sein letztes Eisen brecht,
vergreift euch nicht. Er trägt das Zeichen,
und Kain wird siebenfach gerächt.

Die Flamme war er der Dämonen,
der Schrei der unerlösten Welt.
Nicht vor der Erde Richterthronen
ist ihm die Klagebank bestellt.

Aus dem des Abgrunds Stimme brüllte,
wie kann ein Mensch sein Richter sein?
Vergreift euch nicht. Gott selber hüllte
ihn ganz in sein Geheimnis ein.

Sein Urteil fällt in jenen Reichen,
da nie den Blick ein Schleier schwächt.
Vergreift euch nicht. Er trägt das Zeichen,
und Kain wird siebenfach gerächt.

VI

DIE STIMME

Die Stimme sprach: „Wo ist dein Bruder Abel?“
Ihr aber habt die Stimme nicht gehört.
Ihr werktet trunken, lärmend und betört
im Fiebertaumel um den Turm zu Babel.

Nun steht ihr an der letzten Wegegabel.
Der Turm liegt hinter euch, wüst und verstört.
Ihr sucht den Zauber, der die Flut beschwört,
Doch keine Taube trägt das Blatt im Schnabel.

Die Stimme hört ihr jetzt. Doch in den Worten
liegt ein Geheimnis und ihr faßt es nicht,
das Urgeheimnis: „Abel - das bist du.“

Es schwillt die Flut und mit ihr das Gericht,
und langsam fallen des Asyles Pforten
vor euren ausgereckten Händen zu.

VII

IN DIESER ZEIT

In dieser Zeit wird mancher weichen
und nicht zur ersten Liebe stehn.
Da werdet ihr des Tieres Zeichen
auf reingeglaubten Stirnen sehn.

Da werden Brüder sich verkaufen,
und unter Gatten ist Verrat.
Die losgebundnen Mörderhaufen
führt im Triumph der Apostat.

Da werden Fluten sich ergießen.
Die Elemente sind verstört.
Da werden Feuerbäche fließen,
und alle Tiefe steht empört.

In Asche lösen sich die Mauern,
Basteien sind wie Spreu verjagt,
und nur der Fels wird überdauern,
von dem Matthäus uns gesagt.

Die Raschen werden nicht entrinnen
noch wer in Schacht und Höhle steigt.
Den Schwangern und den Säugerinnen
ist viele Trübsal angezeigt.

Die Zeit ist reif, das Messer steche
in die verhüllte Schwäre ein,
die feige Sehnsucht unsrer Schwäche:
zugleich zwei Herren dienstbar sein!

Erwählen mußt du, mußt verwerfen,
Geist wider Geist, Hand wider Hand!
Um den verhangnen Blick zu schärfen,
sind große Zeichen uns gesandt.

Weh jenem, der in solchen Tagen
Unangefochtenheit begehrt!
Der Helm ist jedem aufgetragen,
und auch der Schwache ist bewehrt.

Wenn die Gewaltigen sich beugen
und niemand mehr den Abfall zählt,
seid ihr Verborgenen zu Zeugen,
seid ihr Geringen auserwählt.

Die Horcher stehn vor allen Türen,
der Schweigende bleibt nicht geschont.
Gebunden werden sie euch führen,
und der euch peinigt, wird belohnt.

Inmitten eurer eignen Wände
seid ihr Verfolgte und verhöhnt.
Wer aber ausharrt bis ans Ende,
wird überwesentlich gekrönt.

Kein Hauch der Treue geht verloren.
Der Richter wertet ihn gerecht.
Aus Flammen seid ihr neu geboren
und Gottes königlich Geschlecht.

VIII

DIE ENDLOSE NACHT

Nacht für Nacht, bis der Frühwind
den Fenstervorhang gebläht,
lagen wir schlaflos und haben
nach schmächtiger Hoffnung gespäht.
Aber die Nacht nahm kein Ende.
Kein Hahn hat zum Morgen gekräht
als der eine, der anzeigt,
wie Treue die Treue verrät.

IX

DIE ERWARTUNG

Eh der Blitz mit Flammenlettern
fährt in unsres Landes Schoß,
langsam aus den stummen Wettern
ringt sich eine Stimme los.

Die wir lange uns, zu hören,
weigerten, wir hören jetzt.
Dunkler Gott, dich zu beschwören,
welche Worte sind gesetzt?

Wär'n uns auch die Worte eigen,
blieben Sie im Mund gebannt.
Denn die Lippen sind vom Schweigen,
sind vom Lügen uns verbrannt.

Dürfen wir die Hände heben?
Uns're Hände sind befleckt.
Und kein Fürsprech ist gegeben,
bis das Urteil sich vollstreckt.

Hoch um ferne Felsenscharten
wächst ein schwefelfarb'nes Licht.
Wir erbeben und erwarten,
stumm Geduckte, das Gericht.

X

APOKALYPTISCHE SCHWÜLE

Farben bröckelten ins Fahle.
Blumen blaßten hinter Gittern.
Über Stufen und Portale
ging ein stündliches Verwittern.

Aschenschatten, Dämmergäste,
Schemen wurden die Vertrauten.
Und ein bleicher Himmel preßte
lautlos sich auf Strom und Bauten.

Dächer schrumpften und entblößten
Schuld und Schwäche im Vergleiten.
Faulige Konturen lösten
sich in Nichtsmehrwirklichkeiten.

In der gnadenlosen Schwüle
tödlich lagen wir gefangen.
Mahlte noch die dunkle Mühle
oder war auch sie zergangen?

Manchmal hörten wir ein Knistern,
klopften nachts die Totenuhren -
bis erlösend aus Kanistern
blanke Feuer niederfuhren.

XI

DIE BERGPREDIGT

Da du vom Berge uns unterwiesen,
versprachst du den Sanftmutreichen das Land.
Du hast die Barmherzigen selig gepriesen,
die Friedsamen Söhne Gottes genannt.

Wir lachten der Sanften, sie dünkten uns Narren,
wir waren nicht zum Frieden bereit,
wir machten im Eisen das Herz uns erstarren
und hatten keine Barmherzigkeit.

Das Eisen zerbrach. Die Wälle zerreißen.
Gesänftigt liegen sie, Mann bei Mann.
Was für ein Erbe ist uns verheißen
und wessen Erbarmen rufen wir an?

XII

FERNE HOFFNUNG

Vor geschwärzten Türen winken
lange Gräser, braun und bleich.
Hingeschleppte Sohlen sinken
Schritt um Schritt in Schuttbereich.

Ratten huschen durch die Gassen,
Grille geigt im Hausgestein.
Was die Sichel nachgelassen,
wird ein Volk von Büßern sein.

Ach, vielleicht nur in den Lenden
eines Knaben schläft ein Kind.
Und es wird den Gang vollenden,
wenn wir längst zerfallen sind.

XIII

WER WILL DIE REINEN VON DEN SCHULDIGEN SCHEIDEN?

Wer will die Reinen von den Schuldigen scheiden?
Und welcher Reine hat sich nicht befleckt?
Es wird die Sichel Kraut und Unkraut schneiden,
wenn sie des Erntetages Spruch vollstreckt.

In jedem Torweg steht geheim ein Rächer.
Uns allen ist der Bittertrunk gemein.
Schlagt mich ans Kreuz! Es soll der Schächer
mit ihm im Paradiese sein.

XIV

SALZ UND ASCHE

Salz und Asche wird uns nähren,
Distel unsre Bettstatt sein.
Unsre Wunden, unsre Schwären
hüllen morsche Fetzen ein.
Trunk wird uns der Quell gewähren,
denn kein Rebstock wird gedeihn.
Aber von den Trugaltären
stürzte splitternd Stein um Stein!
Die befleckten Atmosphären
durften sich vom Dunst befrein.
Salz und Asche wird uns nähren.
Salz und Asche, sie sind rein!

XV

DIE HEILUNG

Die letzte Not wird nicht mehr überwunden.
Sie selber wird schon Überwindung sein.
Und in die berstenden Rotunden
stürzt brausend schon das neue Licht herein.

Wir aber binden die verhängten Mächte,
vom Unausdeutbaren ereilt,
wenn wir im Niedrigsten der Henkersknechte
den Engel finden, der uns heilt.

XVI

DIE SÜHNE

Wieviel Zeiten wird es währen,
bis der dürre Stecken grünt,
bis die Trümmer sich verklären
und das letzte Blut gesühnt?

Doch wir sühnen nicht in Zeiten,
nicht auf diesem blinden Stern.
Es geschieht in Ewigkeiten
und vor'm Angesicht des Herrn.

Aber ihm und seinen Scharen
ist die Zeit ein Flügelschlag,
ist ein Tag gleich tausend Jahren,
tausend Jahre sind ein Tag.

Einmal stehen wir geblendet
plötzlich und gewahren ihn.
Und vielleicht ist längst vollendet,
was uns kaum begonnen schien.

XVII

AN DIE VÖLKER DER ERDE

Zwölf, du äußerste Zahl und Maß der Vollkommenheiten,
Zahl der Reife, der heilig gesetzten! Vollendung der Zeiten!
Zwölfmal ist das schütternde Eis auf den Strömen geschwommen,
zwölfmal das Jahr zu des Sommers glühendem Scheitel geklommen,
zwölfmal kehrten die Schwalben, weißbrüstige Pfeile, nach Norden,
zwölfmal ist gesät und zwölfmal geerntet worden.
Zwölfmal grünten die Weiden und haben die Bäche beschattet,
Kinder wuchsen heran und Alte wurden bestattet.
Viertausend Tage, viertausend unendliche Nächte,
Stunde für Stunde befragt, ob eine das Zeichen brächte!
Völker, ihr zählt, was an Frevel in diesem Jahrzwölft geschehen.
Was gelitten wurde, hat keiner von euch gesehen,
keiner die Taufe, darin wir getauft, die Buße, zu der wir erwählt,
und der Engel allein hat Striemen und Tränen gezählt.
Er nur vernahm durch Fanfarengeschmetter, Festrufe und Glockendröhnen
der Gefolterten Schreien, Angstseufzer und Todesstöhnen,

er nur den flatternden Herzschlag aus nächtlichen Höllenstunden,
er nur das Wimmern der Frau'n, denen die Männer verschwunden,
er nur den lauernden Schleichschritt um Fenster und Pforten,
er nur das Haßgelächter der Richter und Häftlingseskorten -
Völker der Welt, die der Ordnung des Schöpfers entglitt,
Völker, wir litten für euch und für eure Verschuldungen mit.
Litten, behaust auf Europas uralter Schicksalsbühne,
litten stellvertretend für alle ein Leiden der Sühne.
Völker der Welt, der Abfall war allen gemein:
Gott hatte jedem gesetzt, des Bruders Hüter zu sein.
Völker der Welt, die mit uns dem nämlichen Urgrund entstammen:
Zwei Jahrtausende stürzten vor euren Grenzen zusammen.
Alle Schrecknis geschah vor euren Ohren und Blicken,
und nur ein Kleines war es, den frühen Brand zu ersticken.
Neugierig wittertet ihr den erregenden Atem des Brandes.

Aber das Brennende war der Herzschild des Abendlandes!
Sicher meintet ihr euch hinter Meeren und schirmendem Walle
und vergaßt das Geheimnis: was einen trifft, das trifft alle.
Jeglicher ließ von der Trägheit des Herzens sich willig verführen,
jeglicher dachte: „Was tut es ... an mich wird das Schicksal nicht rühren...
ja, vielleicht ist's ein Vorteil ... das Schicksal läßt mit sich reden..."
Bis das Schicksal zu reden begann, ja, zu reden mit einem jeden.

Bis der Dämon, gemästet, von unsrem Blute geschwellt,
brüllend über die Grenzen hervorbrach, hinein in die Welt.
Völker der Erde, ihr haltet euer Gericht.
Völker der Erde, vergeßt dieses Eine nicht:
Immer am lautesten hat sich der Unversuchte entrüstet,
immer der Ungeprüfte mit seiner Stärke gebrüstet,
immer der Ungestoßne gerühmt, daß er niemals gefallen.
Völker der Welt, der Ruf des Gerichts gilt uns allen.
Alle verklagt das gemeinsam Verrat'ne, gemeinsam Entweihte.
Völker, vernehmt mit uns allen das göttliche: Metanoeite!

Nachwort

DIES IRAE

Der uns in diesem Band neu vorliegende Gedichtzyklus von Werner Bergengruen ist 1944 entstanden, das letzte Gedicht, die Ode *„An die Völker der Welt“* erst 1945. Vom Autor selbst abgeschrieben, öfter auch von Freunden, gingen diese Texte von Hand zu Hand, ehe sie nach Kriegsende gedruckt werden konnten. Bergengruen war bereits von Anfang an ein Gegner der Nationalsozialisten und ging sofort auf Distanz zu ihnen, im Gegensatz zu manchen anderen (etwa Gottfried Benn), die zunächst Sympathie für Hitler zeigten. Er ließ sich auch nicht verführen, sich mit dem Regime zu arrangieren, wie dies etwa ein Hans Carossa tat. Obwohl er im März 1937 aus der Reichsschrifttumskammer ausgeschlossen wurde, als nicht geeignet, *„durch schriftstellerische Veröffentlichungen am Aufbau der deutschen Kultur mitzuarbeiten“*, ging Bergengruen aber auch nicht ins Exil. Er wählte nicht die Emigration, sondern blieb aus Solidarität bei seinem deutschen Volk, dem ersten Opfer Hitlers.

Schon 1937 hatte er anonym in einem in Österreich gedruckten Gedichtband *„Der ewige Kaiser“* im Symbol des mittelalterlichen abendländischen Herrschers den Kaiser als Hüter der Ordnung und des Rechts dem Diktator des Dritten Reiches gegenübergestellt. Er schrieb diesen Gedichtzyklus bereits zwischen Sommer 1935 und Frühjahr 1936 und veröffentlichte ihn auf Vermittlung des Grafen Paul Thun-Hohenstein in Graz. 1938 beschlagnahmten die Nationalsozialisten nach dem Anschluß Österreichs das Buch und untersagten den Vertrieb. Viele Gedichte daraus kursierten *„unter meinem Namen, den die Abschreiber groß und deutlich daruntergesetzt hatten, und es waren gerade die im Nazistaat kompromettantesten dabei. Daß dies ohne staatspolizeiliche Konsequenzen abging, will mir noch heute wunderhaft erscheinen“*, schreibt der Dichter.

Gedichte wie *„Das Dauernde“* waren schon 1937 eine Form des geistigen Widerstandes Bergengruens, denn jeder wußte, wer mit dem Tyrannen gemeint war.

„Erblosen Todes sterben die Tyrannen.
Tribunen zeugen nicht.
Und die der Tausenden Gehör gewannen,
gewannen sich Gericht.

Im bleichen Licht der fieberheißen Lampe
steht weiß der Komödiant.
Sein Auge flackt, er neigt sich an der Rampe
Und reckt verzückt die Hand.

Er kränzt sich unter dem Geschrei der Menge
Mit geil geschoßnem Kraut.
– Der Acker singt die alten Preisgesänge
getreulich ohne Laut.

Der Herr und Knecht der selbstgeglaubten Lüge
Erhitzt sich am Gewühl.
– Der Born im mütterlichen Weltgefüge
rauscht klar und keusch und kühl.

Der Pöbel brüllt, Fanfaren heulen schrille,
und Wimpel blähn sich groß.
– Das Trächtige erfüllt sich in der Stille
und tief im dunklen Schoß.

Wie wollen vor dem Abend sie bestehen,
die schäumend, fort und fort
in tausendfachem Hin- und Wiederdrehen
gebuhlt ums hohle Wort?

Und wo des Zorns geschwollene Dämonen
den Weinberg und den Hain,
das Fruchtgelände und den Herd bewohnen,
wie soll die Saat gedeihn?

O giergehetzte Rufer nach dem Beile,
Aufspürer alter Schuld
– Nur das Vergängliche kennt Haß und Eile.
Die Dauer hat Geduld.

Am Himmel, wenn Gewölk und Dunst zerannen,
steht groß das alte Licht.
Erblosen Todes sterben die Tyrannen.
Tribunen zeugen nicht.“

Obwohl sein 1935 erschienener Roman *„Der Groß-tyrann und das Gericht“* im Italien der Renaissance spielte, erkannten doch die Machthaber die Parallele und veranlaßten Bergengruens Ächtung.

Bergengruen hatte in München Kontakt zu Gegnern des Regimes wie Theodor Haecker oder Carl Muth (dem Herausgeber des „*Hochland*“), aber auch zur „Weißen Rose“, dem Kreis um die Geschwister Scholl. Deshalb war er 1945 „*einer der wenigen unbescholtenen in Deutschland verbliebenen Autoren, einer, der sich dem Regime niemals auch nur ansatzweise anzupassen versucht hatte, ein Unkorrumpierter, dessen moralische Integrität und Unbestechlichkeit damals auch vielen jungen Nachwuchsautoren Achtung abnötigte. Kein geringerer als Heinrich Böll hat in einem seiner späten Interviews betont, welch große Bedeutung die Werke Bergengruens und seiner Gesinnungsfreunde mit Blick auf die Möglichkeit geistigen Überlebens in Hitler-Deutschland und der Aufbruchsphase danach für ihn und seine Generation besessen habe*“ (Frank-Lothar Kroll).

Das beste Zeugnis dafür sind die 18 Gedichte des Zyklus „*Dies irae*“. Nicht unerwähnt bleiben dürfen in diesem Zusammenhang die damaligen Sonette von Reinhold Schneider oder die Dichtung „*Das letzte Gericht*“ von Siegfried Vegesack, der ebenfalls ein Baltendeutscher war und diese Gedichte Werner und Charlotte Bergengruen widmete.

Schneider wußte wie Bergengruen um innere Finsternisse, die oft auch das Kreuzesschild überdeckten. Schon 1946 schrieb Bergengruen über seinen Freund: *„Reinhold Schneiders Bedeutung und Wirkung gehen weit über das Literarische hinaus. Sie sind, insbesondere in den Kriegsjahren, gar nicht abzuschätzen gewesen.“* Obgleich Schneider auch vollkommene Verse schrieb, litten sie später, weil er *„das persönliche Anliegen der schwermutsvollen dichterischen Seele ... dem fast apostolisch anmutenden Dienst an einer Zeit-, Volks-, Glaubens- und Schuldgesamtheit zum Opfer gebracht“* hat. Auch seine Vorliebe für die Form des Sonettes ließ manche Aussage nur in Bruchstücken, als Fragment zum Leser und Hörer kommen. Fast sprichwörtlich bekannt, ja abgegriffen ist sein Wort: *„Allein den Betern kann es noch gelingen...“*, doch wer kennt die folgenden dreizehn Zeilen?

Vegesack dagegen benutzt freie Rhythmen mit unregelmäßigen Reimen, schuf aber damit auch erschütternde Aussagen über den Massenwahn in Deutschland, die Befehlsempfänger, die kuschten, aber gegenüber anderen Völkern den Herrenmenschen spielten, oder über die Mütter, die dem Schlächter ihrer Söhne zujubelten.

Bergengruen wählt in „Dies irae“ verschiedene, aber stets klassische Vers- und Strophenformen, vom Ghasel über schlichte Vierzeiler bis zu Sonett und Ode. Er hat sich über die Rolle der Lyrik in dieser Zeit geäußert:

„Wer diese Zeit nicht in Deutschland miterlebt hat, der macht sich keinen Begriff davon, bis zu welchem Grade der Intensität sich das Bedürfnis nach dem Trost des dichterischen Wortes entwickelt hatte, und ganz besonders gilt das von der Lyrik. Übrigens ließ die hierher führende Entwicklung in ihren Anfängen sich bereits gegen Ende der zwanziger Jahre beobachten; damals begann im Protest gegen die auf allen Gebieten sich movierende und ihre natürlichen Grenzen überflutende Sachlichkeitsmethode das Verlangen nach einer über den Rahmen der sogenannten Gebrauchslyrik hinausgehenden lyrischen Dichtung sich zu regen. So kam denn jetzt die Sitte des Abschreibens vornehmlich der Verbreitung lyrischer Gedichte zugut.
Die Abschriften wurden abermals kopiert, und diese Wiederabschriften desgleichen, und so ging es dann fort. Dabei korrumpierten sich natürlich die Texte, wie es ja auch mit den Texten der Evangelien oder antiker Autoren unter den Händen mönchischer Abschreiber und Wiederaufschreiber gewesen ist. Es gab Entstellungen, Verstümmelungen, Fortlassungen und gelegentlich auch Zusätze. Autoren wurden verwechselt, Gedichte von Jochen Klepper wurden mir, Gedichte von mir Reinhold Schneider zugeschrieben.
Die andere Form, in welcher der Kontakt zwischen dem Dichter und seinem Publikum sich vollzog, war die der Vorlesung. Hier erlebten wir eine merkwürdige Rückbildung in Zustände, die denen etwa der Minnesängerzeit oder gar dem antiken Rhapsodentum ähnelten.“

Solche Veranstaltungen hatten oft „*katakomben- und konventikelhaften Charakter*“, wirkten aber weit über die äußere Begrenzung hinaus. Die Zeit des Krieges, der Diktatur und der Not hatte somit die Weitergabe der Dichtung auf Urformen menschlichen Lebens zurückgeführt. „*Das war schon fast, als habe Gutenberg umsonst gelebt. Jeder schrieb ab, was ihm gefiel, mit der Hand oder mit der Schreibmaschine, und machte es seinen Freunden zugänglich*“, erinnerte sich Bergengruen. „*Unendlich vieles ist in den Pfarrämtern von freiwilligen Helfern und Helferinnen, insbesondere von den Pfarr- und Gemeindeschwestern, abgeschrieben oder abgezogen worden. Welches Maß an mühsamer, anonym gebliebener Arbeit hier oft nach Feierabend, oft bei Nacht, oft zwischen zwei Luftalarmen und oft in ständiger Erwartung eines polizeilichen Eindringens in aller Bescheidenheit opferwillig geleistet worden ist, das läßt sich garnicht abschätzen. Sehr viel ist in Nonnenklöstern getan worden; so kam eine uralte klösterliche Tradition wieder zu Ehren. Es versteht sich, daß gerade bei diesen Stellen solchen Dichtungen und Dichtern der Vorzug gegeben wurde, von denen eine mittelbare oder unmittelbare Stärkung der im Widerstand gegen das Terror-Regime und seinen Krieg benötigten seelischen Kräften erwartet werden durfte. So führt für mich von diesen Feststellungen eine Verbindungslinie zur Erinnerung an Nachtstunden, in denen meine Frau und ich politische Flugblätter oder Berichte oder Predigten des Grafen Galen mit der Maschine abschrieben. Ich habe diese Flugblätter dann zu Rad an die Briefkästen gebracht und immer Briefkästen verschiedener von unserer Gegend abliegender Münchner Postbezirke benutzt.“*

Nach Kriegsende war *„Dies irae“* eines der ersten Bücher, die gedruckt wurden. Die Gedichte haben uns auch heute viel zu sagen, nachdem 1989 in Deutschland erneut eine Diktatur zusammenbrach 1991 und 1999 erlebten wir erneut Krieg in Europa, als die NATO gegen Jugoslawien ihre Luftwaffe einsetzte. Nun schweigen die Waffen, aber heißt das schon Frieden? Wenn sich Bergengruen 1945 *„An die Völker der Welt“* wandte, so hat diese Botschaft auch heute Gültigkeit, wenn auch deutsche Soldaten in Bosnien, im Kosovo und in Afghanistan, für einen Neubeginn eintreten.

Rudolf Grulich

I.

Die Lüge

Der Dichter stellt an den Beginn seines Gedichtzyklus das alles beherrschende Thema der nationalsozialistischen Diktatur: die Lüge. Er benutzt dazu eine in der deutschen Literatur seltene lyrische Dichtform, das Ghasel, das in Arabien entstand und dann auch in der persischen und türkischen Literatur heimisch wurde. Das Reimschema aa, ba, ca usw. wird bei Bergengruen noch so vereinheitlicht, daß nur ein einziger Reim auf „Lüge" durch das ganze Gedicht beibehalten und dadurch die Allgegenwart der Lüge im NS-Regime noch deutlicher wird. In Deutschland kennen wir das Ghasel von Gedichten Schlegels, Platens oder Rückerts. Bergengruen zeigt sich hier als souveräner Meister der Sprache, der die verschiedenen Aspekte der Verlogenheit der Tyrannei als alltägliche Lüge beim Namen nennt. Der Zeitgenosse spürte noch viele Anklänge an Nazi-Phrasen, die heute nicht mehr von jedem Leser oder Hörer als solche wahrgenommen werden: *„Freiheit und Brot"* taucht im NS-Lied *„Die Fahne hoch"* auf, die heldische Vorzeit und der germanische Adler wurden im Geschichtsunterricht beschworen, die *„Verheißung des Heils"* sollte sogar im deutschen Gruß als *„Heil Hitler"* Ausdruck finden. Selbst vom Regime Gemordete wie Feldmarschall Rommel erhielten Staatsbegräbnisse; die Mörder *„sangen der Fahne Ruhm, und alles, alles war Lüge"*.

II.

Die letzte Epiphanie

Für dieses Gedicht haben wir eine Anmerkung von Bergengruen selbst:
„Dem Gedicht ‚Die letzte Epiphanie' liegt die mir sehr vertraute altrussische Vorstellung zugrunde, wonach Gott oder Christus dem Menschen in Gestalt eines Bedürftigen, Gefährdeten, Verfolgten und Leidenden erscheinen kann. Das Volk sagte in Rußland früher, man müsse bei jeder Mahlzeit ein Gedeck mehr auflegen, weil man nicht wissen käme, ob nicht Christus selbst in Gestalt eines Bettlers, Pilgers, Sträflings etc. zu einem kommen werde. In meinem Gedicht kommt er in verschiedenen Gestalten, als Jude, als zum Tode durch Gift oder Gas bestimmte Geisteskranke, die der Vorstellung von einem herrlichen, gesunden, von allen Erbkrankheit freien Zukunftsgeschlecht geopfert wird, als Knabe, wobei auch an die Jugend der polnischen Oberschicht zu denken ist, die man umbrachte, damit dem Volk nicht später eine neue, nach Rache verlangende und zur Führung fähige Elite heranwüchse („ihr aber scheutet ein künftiges Rächen"); in den ersten drei Zeilen der letzten Strophe sind die nach Deutschland verschleppten Kriegs- und Zivilgefangenen der feindlichen Völker gemeint..."

Aus den ersten Zeilen des Gedichtes spricht des Dichters Liebe für Deutschland, das Gott in sein Herz genommen habe. Bergengruen denkt hier wie eine andere Konvertitin, Gertrud von Le Fort, die außer ihren „*Hymnen an die Kirche*" im Jahre 1932 auch „*Hymnen an Deutschland*" veröffentlicht hatte. Wie Bergengruen im „*Ewigen Kaiser*", versuchte die als Hugenottin geborene von Le Fort „*in einer freilich nur wenigen Lesern zugänglichen Sprache und Ausdrucksweise ... ihr Volk an den hohen Auftrag zu erinnern, den es vom Heiligen Römischen Reich erhalten hat. Aber das Werk kommt zu spät, als daß die Botschaft noch vernommen werden kann*", urteilt der französische Germanist Joel Pottier. Seit im Dritten Reich das Wort „Reich" in den Schmutz getreten wurde, ist uns heute nicht mehr verständlich und den Nachgeborenen nicht mehr vermittelbar, welchen Stellenwert dieses Wort hatte, „*der Inbegriff aller Dinge im nationalen Schicksal*" (Friedrich Muckermann). Es waren bewußte und überzeugte Nazigegner, die damals dieses supranationale Deutschlandbild des Reiches vertraten. Sie wußten zwar, daß das alte Heilige Römische Reich Deutscher Nation längst untergegangen war, hofften aber, man könne nur „*Kronen und Reifen, nicht aber die Idee der Geschichte*" begraben.

Als 1962 in Jerusalem der Eichmann-Prozeß begonnen wurde, ist „*Die letzte Epiphanie*" öffentlich verlesen worden. Die Beispiele des Unrechts, die Bergengruen bringt, die Opfer der Euthanasie und des Holocaust, zeigen, wieviel schon während des Krieges über die Verbrechen und den Vernichtungswillen des Regimes bekannt war.

„*Bergengruen gehörte durchaus nicht zu den bestin-*

formiertesten Zeitgenossen, und doch sind in diesen Gedicht die Verbrechen, die damals in deutschem Namen geschahen, unmißverständlich offengelegt“ (Frank-Lothar Kroll).

Bergengruen bemerkt auch zu diesem Gedicht:
„Mit der Bezeichnung ‚Letzte Epiphanie‘ ist nicht an das Jüngste Gericht gedacht. Vielmehr kommt Gott oder Christus - das lasse ich offen - im Rahmen der 1933 begonnenen Epoche ein letztes Mal, nachdem er in allen vorhergegangenen Erscheinungen abgewiesen worden ist, und zwar jetzt in der unabweisbaren des Richters.“

Daher auch der Name „Dies irae“ für seinen ganzen Gedichtzyklus!

III.

Fall nieder, Feuer

Dies ist eines der erschütterndsten Gedichte Bergengruens. Statt eines strahlenden Endsiegs wird alles bitter sein.

Am Beispiel des Feuers zeigt der Dichter auf, daß die Machthaber all das riefen und begannen, was bald auf Deutschland zurückschlug: den Bombenkrieg gegen England, der sich in den Feuerstürmen in deutschen Großstädten rächte. Den totalen Krieg, den Goebbels im Sportpalast erfragte („*Wollt ihr den totalen Krieg?*") und den er sich als Wunsch einer johlenden Menge bestätigen ließ.

IV.

An Dante

Bei seiner Wanderung durch das „Inferno“ und seiner Beschreibung der Hölle in der *„Göttlichen Komödie“* ist für den Dichter Alighieri Dante der tiefste Punkt der Unterwelt, der Inbegriff der Höllenpein, der Platz für die Verräter. Ihre Prototypen sind Brutus, einer der Mörder Cäsars, dem dieser sterbend zurief *„Auch du, mein Sohn Brutus“*, und Judas, der Mann aus Karioth, der Christus verriet. Ihnen, den größten Verrätern der Geschichte, soll nun Dante aus Florenz *„jenen Dritten zugesellen“*.

Der Name Hitler taucht hier wie in allen 17 Gedichten nicht auf, aber jeder wußte 1944, wenn diese zwei Strophen von Hand zu Hand gingen, wer gemeint war. Andere Dichter lieferten damals Jahr für Jahr Gedichte auf den Führer. Manche wurden dazu aufgefordert, ein Gedicht für Hitlers Geburtstag zu liefern und weigerten sich wie etwa Gertrud von Le Fort 1942. In *„Unser Weg durch die Nacht“ schreibt sie dazu später: „Es stehen mir ... jene Dichter vor Augen, denen man das bekannte Lobgedicht auf Hitler zu schreiben zumutete. Manche schrieben es und werden jetzt verachtet. Diejenigen, die es nicht geschrieben haben, denken milder, denn sie wissen, welche Todesangst diese Absage gekostet hat“*.

Bergengruen schrieb *gegen* Hitler und stellte ihn neben die größten Verrätertypen. Er las aus diesen Gedichten in privaten Kreisen und nahm damit viele Risiken auf sich.

V.

Geheimnis des Abgrundes

Wie im vorhergehenden Gedicht fehlt auch in diesem der Name Hitler, doch wird er mit dem ersten Mörder der Menschheitsgeschichte, mit Kain, verglichen. Auch im folgenden Sonett taucht das Kain-und-Abel-Motiv auf. Im Buch Genesis lesen wir: *„Der Herr aber sprach: Darum soll jeder, der Kain erschlägt, siebenfacher Rache verfallen. Darauf machte der Herr dem Kain ein Zeichen, damit ihn keiner erschlage, der ihn finde."*

Durch seinen ganzen Zyklus führt Bergengruen wie einen Leitfaden den Begriff des Dämonischen, das Abgründige, Apokalyptische. Immer wieder sind es dabei Bilder der Bibel, die der Dichter beschwört. Biblisch ist auch seine Warnung vor vorschnellem Gericht, denn

„Wie kann ein Mensch sein Richter sein?"

VI.

Die Stimme

In der Form eines klassischen Sonettes läßt Bergengruen biblische Ereignisse aufscheinen: Die Stimme des Herrn, der Kain nach seinem erschlagenen Bruder fragt; der Größenwahn der Menschen *„im Fiebertaumel um den Turm zu Babel“*; die Sintflut als Menschheitsgericht und Noahs Hoffnung auf das Ende der Flut, als die Taube mit einem frischen Ölzweig in die Arche zurückkehrte.

Als Kain die Stimme hörte, redete er sich zunächst hinaus, doch als ihn der Herr verflucht und verbannt, da weiß Kain: *„Zu groß ist meine Schuld, als daß ich sie ertragen könnte.“*

Der Dichter mahnt wie ein alttestamentlicher Prophet, weil die Zeitgenossen auf die Stimme nicht hörten. Die Tragödie von Babel und die große Flut brechen gleichzeitig herein. Es gibt keinen Zauber mehr, die Flut zu beschwören. Mit der Flut kommt das Gericht. Die rettenden Türen der Arche, *„des Asyles Pforten“*, fallen zu. Nur das Urgeheimnis um Abel kann uns retten, immer für Abel verantwortlich zu sein.

VII.

In dieser Zeit

Es ist eine apokalyptische Zeit, die der Dichter als Gegenwart beschwört. Daher spielt er immer wieder an die Apokalypse des Apostels Johannes an. Im Schreiben an die Gemeinde von Ephesus wirft Johannes ihr vor, daß sie ihre erste Liebe verlassen habe (Apk 2,4). Im 13. Kapitel seiner Geheimen Offenbarung steigen die beiden Tiere aus dem Meer und der Erde, und das aus der Erde zwingt *„die Kleinen und die Großen, die Reichen und die Armen, die Freien und die Sklaven, alle zwang es, auf ihrer rechten Hand oder ihrer Stirn ein Kennzeichen anzubringen"* (13,16).

Nicht nur nach 1945, auch nach 1989 erfuhren wir, wie. recht Bergengruen mit manchen Aussagen hatte. Als das Spitzelsystem der SED bekannt wurde, wurde deutlicher: Sogar in Familien gab es die Informanten, die auch Geschwister und Ehegatten verrieten.

Wieder beschwört Bergengruen die Elemente, Fluten und Feuerbäche, aber er weiß, daß der Felsen des Matthäus-Evangeliums überdauern wird. Auch Reinhold Schneider sagt dies, wenn er ein Sonett Pius XII. widmet.
Anklänge an den Kreuzweg enthält die fünfte Strophe, denn Lukas überliefert uns die Worte Jesu an die Frauen, die um ihn klagten und weinten: *„Ihr Frauen von Jerusalem, weint nicht über mich; weint*

über euch und eure Kinder! Denn es kommen Tage, da wird man sagen: Wohl den Frauen, die unfruchtbar sind, die nicht geboren und nicht gestillt haben" (Luk. 23,28 f.).

Nur das Messer kann heilen, wenn die Wunde eitert. So heilt nur die Wahrheit, die Feigheit und Schwäche beim Namen nennt: *„Niemand kann zwei Herren dienen."* Es gilt, die Zeichen der Zeit zu erkennen und den Blick dafür zu schärfen! Der als Lutheraner aufgewachsene Dichter kennt die Bibel, an deren Aussagen jede Strophe erinnert. Jesus hat Verfolgung vorausgesagt, aber auch die gepriesen, welche ausharren.

VIII.

Die endlose Nacht
Dieses Gedicht ist ein Stimmungsbild des nächtlichen Alltags für alle, die nicht Mitläufer waren, sondern auf ein Ende hofften, aber voller Angst waren. *„Aber die Nacht nahm kein Ende."*

Nur der Hahn des Petrus, der den Jünger Jesu an seinen Verrat erinnerte, der krähte immer wieder.

IX.

Die Erwartung

Worauf warteten die Deutschen im Jahre 1944, als Bergengruen diese Verse schrieb? Noch auf den Endsieg? Selbst wenn die Männer des 20. Juli Hitler beseitigt und eine neue Regierung gebildet hätten, wäre die Bedingung der Alliierten die bedingungslose Kapitulation gewesen.
Kann man um Gnade bitten?

„Dürfen wir die Hände heben?
Uns're Hände sind befleckt.
Und kein Fürsprech ist gegeben,
bis das Urteil sich vollstreckt."

So bleibt nur das Warten auf das Gericht...

X.

Apokalyptische Schwüle
Bergengruen führt mit diesen drei Vierzeilern das Gedicht *„Die Erwartung“* weiter. Es ist das Warten der Apokalypse, die das der Niederlage geweihte Deutschland im Bombenkrieg erlebte. Auch das Haus des Dichters in Solln bei München fiel einer Fliegerbombe zum Opfer, *„löste sich in Nichtmehrwirklichkeiten“*.

Asche und Dämmerung bestimmt den Alltag, selbst die Vertrauten werden zu Schemen. Die tödliche Schwüle ist so gnadenlos, daß selbst die Brandbomben wie Erlösung wirken.

XI.

Die Bergpredigt

Die Nationalsozialisten hatten mit Aussagen Nietzsches dem Christentum vorgeworfen, eine Religion der Schwächlinge und Sklaven zu sein. Sie wollten eine Herrenrasse der Stärke und Härte. Doch Jesus hatte die Barmherzigen seliggepriesen, die Friedsamen...

Auch in der zweiten Diktatur dieses Jahrhunderts hatte die Barmherzigkeit keinen Platz. Der russische Dichter Daniil Granin schrieb 1987 während der Perestrojka einen Essay *„über die Barmherzigkeit“*. Er mußte feststellen, daß *„dieses Wort für die Mehrheit altmodisch ist, heute unpopulär und sogar irgendwie lebensfremd“*. Er suchte das Wort in sowjetischen Wörterbüchern, wo es hieß, es sei ein veralteter Begriff. Erst mit dem Zusammenbruch der kommunistischen Diktatur wurde das Thema der Barmherzigkeit wieder aufgegriffen, *„das für die Vermenschlichung unseres Daseins notwendig ist. Man muß dazu immer wieder aufrufen, daß unser Gewissen erschüttert wird, daß die Taubheit unserer Seele geheilt wird, daß der Mensch aufhört, das ihm überlassene Leben einfach zu verschlingen und nichts dafür zu geben und nichts dafür zu opfern“*.

XII.

Ferne Hoffnung

Die apokalyptischen Zustände seiner Gegenwart holen den Dichter nach den Gedanken über die Bergpredigt wieder ein. Er schildert das Grauen der Zerstörung und sieht sein Volk, so es überlebt - *„was die Sichel nachgelassen“* - als ein Volk von Büßern.

Aber er hofft auf einen Gerechten unter den Nachgeborenen, so wie dies die alttestamentlichen Propheten hofften oder auch der römische Dichter Vergil voraussah, weshalb ihn Dante als Führer und Begleiter wählte.

XIII.

Wer will die Reinen von den Schuldigen scheiden?

Wieder nimmt der Autor das Gerichtsmotiv auf und stellt die Frage nach der Kollektivschuld. Wer kann die Unschuldigen von den Schuldigen unterscheiden? Gibt es überhaupt Schuldlose? Bergengruen bezieht sich auf ein Gleichnis Jesu vom Unkraut unter dem Weizen, das sich bei den Evangelisten findet.
Ebenfalls biblisch ist der Bittertrunk: Der Kelch, der an Jesus nicht vorüber ging. Der Bittertrank am Kreuz, der Wein, der mit Galle und Essig gemischt war. Auch Dietrich Bonhoeffer spricht von diesem Kelch:

„Und reichst du uns den schweren Kelch, den bittren,
des Leides, gefüllt bis an den höchsten Rand,
so nehmen wir ihn dankbar ohne Zittern
aus deiner guten und geliebten Hand."

Doch das Kreuz ist nicht das Ende. Auch der Schächer, der Straßenräuber und Verbrecher kann mit Jesus ins Paradies eingehen.

XIV.

Salz und Asche

Der Regimegegner sieht das Ende, an dem er ebenso büßen muß wie die Jasager, Mitläufer und Mittäter.

Die Nazis sangen:

„Wir werden weitermarschieren, wenn alles in Scherben fällt...“

Deutschland zerfiel in Schutt und Asche, als Stein um Stein zersplitterte. Salz und Asche blieben...

XV.

Die Heilung

Heilung macht heil...
Bergengruen hat einen Gedichtband überschrieben „Die heile Welt“. In ihm findet sich ein Gedicht gleichen Titels, in dem er seinen unerschütterlichen Glauben an die Richtigkeit der Welt, an die ewige Güte Gottes ausdrückt.

„Wisse, wenn in Schmerzensstunden
dir das Blut vom Herzen spritzt:
Niemand kann die Welt verwunden,
nur die Schale wird geritzt.

Tief im Innersten der Ringe
ruht der Kern getrost und heil.
Und mit jedem Schöpfungsdinge
hast du immer an ihm teil.“

Das sind schwerverständliche, kaum Zustimmung findende Worte. Es sind Aussagen eines Glaubenden. Auch der Henkersknecht ist nur ein Werkzeug des Allmächtigen. Selbst der Satan muß dienen, wie Augustinus sagt.
Hesse spricht im „*Steppenwolf*“ von der Krankheit, die zum Leben führt, zur Heilung.

XVI.

Die Sühne

Echte Sühne geschieht immer im Angesicht Gottes. 60 Jahre nach Kriegsende werden heute noch Wiedergutmachungsforderungen erhoben. Deutschland setzt die Verjährung bei Mord aus, um die Naziverbrechen auch nach Verjährungsfristen noch zu verfolgen. Andere Länder dagegen gewährten Total- und Pauschalamnestien für alle Verbrechen an Deutschen, so etwa die Tschechoslowakei in einem der Benesch-Dekrete...

Aber echte Sühne? Sie hängt mit Reue zusammen und mit Versöhnung, die eine Gnade ist.

Im „*Geheimnis des Abgrundes*" hat Bergengruen dieses Thema bereits aufgegriffen. Er wendet sich im Schlußgedicht deshalb „*An die Völker der Welt*".

XVII.

An die Völker der Welt

Eine majestätische Ode schließt den Zyklus *„Dies irae"* ab; sie wurde erst 1945 geschrieben, während die vorhergehenden Gedichte schon im Kriegsjahr 1944 entstanden.

Der Erzähler Bergengruen malt in malerischen Bildern Naturereignisse und scheinbare Alltäglichkeiten dieser zwölf Jahre des Tausendjährigen Reiches, den ruhigen Ablauf der Jahreszeiten, *„viertausend Tage, viertausend unendliche Nächte"*.

In den Tagen nach dem 8. Mai 1945, als die Sieger nur das Unrecht des Gegners zählten, weist der Dichter nicht nur auf das Leid in Deutschland hin, sondern macht deutlich auf die Mitschuld der Sieger aufmerksam: „
„Völker der Welt, die der Ordnung des Schöpfers entglitt, Völker, wir litten für euch und für eure Verschuldungen mit."

Wir wissen, wie recht Bergengruen hatte, wenn er die Kumpanei der Wirtschaft mit der Partei Hitlers, die Sympathien von Teilen Westeuropas für den Diktator, die Begeisterung für den Aufbau Deutschlands während der Olympischen Spiele 1936 oder die Haltung Chamberlains 1938 andeutete. Wenn er Deutschland als „Herzschild des Abendlandes" bezeichnet, so spricht daraus seine Liebe zu seinem Volk wie in der „Letzten Epiphanie", als er Christus sprechen läßt, er

habe „dies Land in sein Herz genommen".
Nach jedem Krieg, nach jedem Ende einer Diktatur sollten die Sieger diese Worte beherzigen:

„Völker der Erde, ihr haltet euer Gericht.
Völker der Erde, vergeßt dieses Eine nicht:
Immer am lautesten hat sich der Unversuchte entrüstet,
immer der Ungeprüfte mit seiner Stärke gebrüstet,
immer der Ungestoßne gerühmt, daß er niemals gefallen.
Völker der Welt, der Ruf des Gerichts gilt uns allen.
Alle berklagt das gemeinsam Verrat'ne, gemeinsam Entweihte.
Völker, vernehmt mit uns allen das göttliche: Metanoeite!"

Galt das nicht auch nach dem Fall der Mauer und des Eisernen Vorhangs? Nach dem Vertrag von Dayton und dem Ende des Krieges in Bosnien? Gilt das nicht für die Bombenangriffe der NATO auf Serbien und die Nachkriegszeit in Afghanistan und im Irak?